포엠포엠
POEMPOEM

3과 4
2017 Go Hoon Sil

3과 4

포엠포엠시인선 019

3과 4

고훈실 시집

3과 4

목차

- 시인의 말 · 10

제1부

D24 · 15
3과 4 · 16
증명사진 · 17
로드킬 · 18
선데이서울 · 19
우로보로스의 신발 · 20
파이버카스텔 · 21
낙법 · 22
홈커밍 데이 · 24
죽여주는 이야기 · 25
신호등 · 26
굴거리나무 · 28
메이드 인 페루 · 30
부석사 · 31

제2부

봄 · 35
꼬리만 브이 · 36
헤세의 모자 · 38
엄마 나가면 · 40
똘기 · 42
등의 믿음 · 44
엔제리너스 · 46
잡어 · 48
바다의 괄호 · 50
쏙 · 51
드레스룸 · 52
장면A · 53
미미美味 · 54

제3부

간間 · 57
MRI · 58
고래 편의점 · 60
고려 엉겅퀴 · 62
블루 · 64
매듭을 풀며 · 65
의자 · 66
입과 포크 사이 · 68
모나미 0.7로 쓰다 · 69
취업준비생 · 70
정개밭 · 72
아시아드 공원 · 74
자작나무를 일독하다 · 75

제4부

닌빈 비망록 · 79
몬드리안 무늬 · 80
한밤의 누슈 · 82
짜디짠 말 · 84
로토루와 · 85
송정, 고흐의 바다 · 86
벌거벗은 눈 · 87
얼음돔이 왔다 · 88
계란을 삶으며 · 90
봄, 셔터 누르는 순간 · 92
벨루가 · 93
껍데기의 환幻 · 94
에어로졸 · 95
신도 모르게 먹는 · 96
귀걸이를 날아간 새 · 97
모슬포 · 98

● 해설
 밤의 알레그로, 그 경쾌한 슬픔을 위한 서언緖言
  ― 정 훈 (문학평론가) · 101

● 시인의 말

첫, 파랑을 건너
왔다.

결핍의 우산 속
뒤꿈치를 들고

맨발로 비 맞는 것들의
곁

동심원이
물총새로 날아오를 때까지

2017년 가을

고훈실

제 1 부

D24*

  여자의 봉긋, 에선 흙냄새가 가득하다 개미와 땅강아지가 굴을 파고 그 위로 양파가 자란다 난 손을 내밀어 봉긋을 뽑는다 양파는 뽑혀서도 둥글다 둥글고 봉긋한 것의 습성은 구멍 없는 피리처럼 어둡다 스피아민트 껌 같은 얼굴은 내 것이 아니었음 좋겠다 봉긋의 말미를 잡아챈 저녁이 봉긋의 가장자리에서 미끄러진다 서쪽의 새들은 몸 안에 둥근 피리를 숨기고 운다 간호사가 내민 메모지에 내 표정이 깨진다 ─24(수) 오전 열시 수술, 저녁 금식 요망─ 침상에 앉아 세상의 모든 봉긋을 딴다 봉오리만 남은 화요일 저녁, 납작보리 같은 젖을 메지구름이 빨고 있다 내 젖판을 마름질한 손, 어둠 속에서 욱신거린다

---

* D24: 남성 유방암을 지칭하는 의학코드.

3과 4

경추 3, 4번은 금이 간 벽돌이다 난 금 간 벽돌을 버티며 걷고 신호의 어느 쪽에선가 3으로 기울거나 4로 꺾인다 알 수 없는 새순들이 비죽 나와 내 키를 더한다

통증을 털어 넘긴 밤새 살이 쪘다 말뚝을 벗어나고픈 목선이 바다에 떠 있다 바람의 끝에 갈매기가 앉아 있어 파도의 3은 이르고 4는 깊다 바라보는 방향은 불편하거나 전이된다

널따란 봄 하늘이 3월에 스며든다 통증의 사이즈는 신경질만 늘고 담벼락 사이에 낀 4가 툴툴거린다 길들이겠다와 맞잡는 손이 중력을 버릴 때 붉은 장미는 먼 은하로 사라진다

불가역적인 하루를 견딘 벽돌이 동통을 올린다 환상통을 당겨 작은 옷핀을 꽂고 목덜미에 달린 꼬리표를 뗀다 다음 세기엔 복잡한 연애사를 가진 3과 전전두엽이 바닥 난 4가 수의 전부가 될 것이다

증명사진

 아침을 이불장에 구겨 넣고 한 끼의 식탁을 프라이팬에 익힌다 사차선 도로에 경적이 울리고 정류장을 놓친 난 마리오네트 공연 중이다 가면 속에서 더 잘 보이는 나를 본다

 정장 구두를 신고 횡단보도를 뛴다 쑤셔 넣은 걱정이 가슴팍에서 흔들린다 수험증 안의 불안한 얼굴, 나를 더듬던 여자가 내 속으로 뛰어든다 풀빛 비상구 아래 문은 캄캄하고 난 수험장 계단을 오른다

 나를 증명하는 난 사진 속에 없다 나를 내보이는 밀실은 한낮에도 까칠해 커피를 든 면접관이 나를 북 뜯어낸다 창밖 크레인의 껑중한 얼굴, 그들은 모두 한때의 얼굴을 달고 있다

 유목의 내가 환상 위에 이식되고 의사의 수첩엔 분리강박이 추가된다 수험장 거울 속엔 낯선 연애만 있고 얼굴이 얼굴에게 자꾸 묻는 질문들, 응답 없는 내가 몇 장씩 겹친다

로드킬

너는, 그랬어 검은 도로에 비닐봉지처럼 있었어
붉은 다후다 치마를 두른 듯 서녘 하늘은 불콰했어 매번 이런 식의 풍경이 반복됐지 기시감이 너와 나를 당겼어

추락을 뚫고 도망가야 했는데 헬조선의 아가리를 셔터 마우스 해야 했는데, 넌 없어
빈 말풍선을 훅훅 불어 올리면 옴짝 않던 네가 야옹 하고 나올까 음식 쓰레기통을 뒤지던 앞발이 지워져도 매운 두 눈으로 선명하게 달아나야 했던 밤

스퀴드마크가 네 눈을 비켜갔어 넌 빛의 속도로 오가는 차들을 바라보고 있어 길바닥에 스며들다 무얼 생각하는지 세상은 후일담이 없어 풍등처럼 헐겁게 연결된 우리도 풀어질까

큰센바람이 널 흔들 때 몸을 바꿔가며 사라지던 그 순간을 뭐라 말할까
거죽만 펄럭이는
긴 여행을 너 혼자 버티고 있어 어느 날 널 또 본다면 넌 거기 없는 거야

여기는 이상해 너는 없는데 너는 있거든

선데이서울

 비 오는 초여름 밤 여자의 목을 조였을 남자의 검은 손, 뉴스는 눅진한 그 밤을 밤새 큐브 맞추기 하고 위층의 소음은 계속된다 아직 끝나지 않은 그녀의 키스

 클림트의 키스는 눈부시고 윗집의 쿵쿵거리는 소리, 여자의 마지막 심장 소리였을까 아니, 마지막 발아래 끝없이 무너져 내리던 허방이었을지도

 검은빛 키스에 금을 덧칠한 순간 세상은 어떤 종(種)이었을까 형사들에게 연행된 남자 한 시간 만에 현장검증을 마치고 여자는 암호처럼 페이지 뷰 된다

 꺾인 무릎을 펴기까지 시간은 어떤 유속을 강요했을까 죽음에 혀를 밀어 넣은 순간, 일요일은 끝났다 스트로보 섬광 아래 얼굴을 가린 남자 명멸하고 난 조용해진 천정을 끈다

우로보로스의 신발

 네모 신호등은 아직 붉음, 뛰어가는 남자의 머릿속도 칸나 빛이다 출근 행렬이 시작되고 흰색 트럭이 남자를 친다 벗겨진 구두 한 짝, 허공 속으로 남자보다 멀리 난다 흰 스프레이가 남자를 필사하고 뒤축이 헌 구두가 길 밖으로 밀려난다

 트램펄린 같은 도로 위로 통통 튀는 구두 한 짝, 이제는 제명된 명왕성이다 남자의 중력을 끊고 제 기억을 드나든다 태양계의 체온이 여전한 한낮이면 남자의 흔적을 찾아 느리거나 빨리 뛴다 발 냄새가 전부였던 생, 코를 쥐고 도망친 미생을 하루 종일 기다린다 구두를 벗고 허방을 디딘 남자, 도로 위 일곱 시 십일 분 방향에 조금씩 스며든다

 저장과 삭제를 오가는 사거리, 제 흔적을 물고 빙빙 도는 남자 잃어버린 구두의 행방과 미궁의 절개지 앞에 혼자 어두워진다. 검은 묵시록 속엔 닦고 닦아도 지워지지 않는 낡은 발목이 박혀 있다

파이버카스텔*
— ADHD 현수에게

  빛이 들어오는 광경에서 세 시 방향으로 넌 앉아 있다 발이 옆으로 새고 손이 가만있질 못한다. 난 발광하는 푸른빛을 머리에 얹어준다 늦은 아홉 시 방향으로 달아나는 너, 일렁이는 거실에 푸른색이 킥킥거린다.

  고래를 지나 잠든 자들의 내실에 도달한 넌 이제 오후 다섯 시 방향이다 연둣빛 입과 노란 내장을 감출 수 없다 시선을 들킨 난 보라색을 급 덧칠한다 한입 뜯긴 부력이 맥없이 가라앉고 덜덜거리는 지느러미를 견디는 작은 의자

  초록과 노랑을 섞어 어제의 파란波瀾을 무너뜨린다 보랏빛을 두세 겹 입은 난 태양의 주기를 힘겨워하고 넌 다섯 시와 세 시 사이 부표처럼 가만, 떠 있다

  물을 덧칠하자 색이 번지고 팽팽한 수평선이 너를 숨긴다 움직임을 위한 몸짓이 거실에 출렁인다 심해는 심해어를 탓하지 않고 루머와 지옥을 투명하게 통과한다 우린 노랑과 초록 그 사이에 보라와 주홍을 즐길 거다 서른여섯 색을 건넌 고통이 후드득 잔등의 물을 턴다

*파이버 카스텔: 독일에서 만든 색연필.

낙법

난 웃자란 아이였다
뻘기보다 빨리 피기 위해 이른 봄부터
잠수함을 기다린다

아무도 내게
봄의 군무를 묻지 않는다 꽃비가 무릎 위로
쏟아지고 볕이 끓는다

잠수함에 숨어 있던 술래가
우리 집 고무대야에 넘쳐난다
성한 귀를 가져본 적 없는 고요가 뒤를 받혀준다

결빙과 해빙 사이
난 빨리 지기 위해 서둘러
꽃차례를 올린 걸까
웅덩이 속에 잠수함이 처박힌다

겁 없이 자라버린
표정, 누군가 건드릴 때
짧은 가시와 비린 연두로 나는 폭발한다

까만 잠수복을 벗고 내 꿈에 잠입한 술래

몽둥이와 주먹이 밤새 오가고
풀숲 아래 널브러진 언어들
목이 꺾이고
몇 대 부러진 갈비가
아침마다 주섬주섬 일어선다

홈커밍 데이

　주소는 밤에 복기되었다 아침엔 바빴고 그 후반엔 착하지 않았다 누구는 스윗홈을 누구는 스릴 홈을 또 누군가는 스톡 홈을 만들었다 날마다 홈을 떠나 롱테이크로 찾아오는 어둠, 늦은 밤 내 주소는 빈방에 앉아 있다

　비누로 손을 씻는 아침엔 문을 연다 차가운 냄새가 나는 홈, 미끄덩 빠져나가는 비누 같은 홈, 하수관 어딘가에 거품으로 떠다니는 쓸쓸들, 밤에 초인종을 누르면 비누 향이 일어난다 부재는 존재의 잔향이다

　돌아오기 위해 떠난 그들은 없다 슈퍼맨이 되어 하루치의 블랙을 끌고 간다 블랙커피를 마시고 블랙 슈트를 입고 블랙 홀 같은 일들을 처치한다 돌아온다는 생각은 그래서, 검다 발가락 끝을 바닥에 대서라도 홈을 연결한 하루가 블랙아웃 된다

　홈으로 돌아오는 길, 왜소한 담쟁이가 마중을 나온다 대학 본관 앞에 삼삼오오 서 있는 또 다른 나들, 기약은 헛것이라 쉬이 손 내밀지 못한다 커밍 하지 못한 친구는 아직 블랙과 내통하는 걸까　스마트폰은 여전히 통화 중이다

죽여주는 이야기[*]

날마다 죽고 싶은 여자가 남자를 찾아온다
죽여줄까요 아주 편안하게
환타요 핏자요 매일 쓰는 모자처럼
희희낙락
냉정과 열정 따윈 쓰레기통에 처박아요.
사랑 때문에 죽은 사람이
가족 중에 없잖아요[**]
더 필요한 게 있나요

[*] 죽여주는 이야기: 관객 참여형 연극.
[**] 쉼보르스카 시에서 따옴.

신호등

초록에 빨강 게다가 화살까지
눈은 늘 충혈돼 있습니다
가드락거리는 길을 움켜쥐어야 하니까요

작달비 눈망울 다잡으려면
붉고 뾰족하고
고양이처럼 빛나야 합니다

섣부른 감상 따윈
곡예 운전만큼이나 위험합니다

운전대를 잡은 사내가
나를 노려봅니다
삶의 속도가 조급한가 봅니다

검은 터널 속으로 빨려들어 가는
사람의 뒷모습이
헛꽃잎처럼 너무 커
속 꽃을 가립니다

나붓이 떨어지는 벚꽃잎
흐린 봄 하늘에

눈썹도 없이 집니다

안약 몇 방울 떨구고
난 다시 초록,

굴거리나무

몸을 접는다
해진 얼굴을 달고
익숙해진 눈발 속
헝클어진 것들을 생각한다

베네치아 수제 레이스는
격자 창살을 달고 있다 여자의
손끝에서 흰 창문이 하나씩 태어날 때
심장이 몇 올씩 빠져나간다

닫힌 우산 속에
오래 신음한 표정이 얼어붙고

지금은
우두커니 서 있어
붉은 손목으로
울음을 받쳐 든다

늦게 돌아온 여자의 창이 커진다
감각을 갖는다는 건
너무 큰 형벌, 수관을 덮고 적막한
연애를 견딘다

안으로
오그라드는 물음은
여자가 내게 던진
한 타래의 그늘 때문

앙다문 잎
축 처진 어깨로
만져지지 않을
해답을 기다린다

자리를 내어준
사랑은 이파리가 젖는다

메이드 인 페루

안데스의 속눈썹을 역광으로 만지는 것
바람의 결을 몇 번씩 갈아 끼우는 것
구름이 뭉친 하루를 반 토막씩 비워내는 것
때론 빈 항아리의 입을 성글게 봉하는 것
천 길 낭떠러지 아래 실족한 태양을 색실로 시침질하는 것
저녁이면 해진 등에 체념을 개어 바르는 것
면도날 하나 꽂을 수 없는 돌담을 부르튼 입술로 버티는 것
먼지 날리는 계단밭에 알감자 하나 돋우는 것
나선으로 명멸하는 하늘을 등짐으로 나르는 것
잿빛 웃음과 울음이 라마 발밑에 엎질러지는 것
말글을 지우고 얼굴을 지우는 일에 익숙해지는 것
아무도 없으나 도처에 넘쳐나는 긴 머리 누런 얼굴을 견디는 것

부석사

  까마중 같은 눈알만 분주한 그녀, 산문 앞에 웅크리고 은행알을 깐다 그늘 진 검은 손등에 피안의 부석이 높이 떠 있고 이마 사이로 구린내 나는 토요일 오후가 대롱거린다 심한 어깨의 기울임, 비대칭의 생이 더디다 열 타래의 실도 거침없이 넘나드는 뜬 돌, 전생과 이생을 연결하는 종소리가 목에 걸린다 가무잡잡한 손가락이 이생을 깨부수면 배흘림기둥 귀퉁이에 실금이 가고 껍데기 수북한 생이 전생을 소환한다 알맹이만 뽑아낸 소쿠리가 그득하다 구릿하게 올라오는 후생, 결코 나라를 구한 적 없는 인연이 허깨비처럼 앉아 있다

제 2부

봄

음운학론이 휴강했다 문을 닫고 소음도 내렸다 종일 긴 머리
여학생 서너 명이 다녀갔다
개잎갈나무 수피가 갈라졌다
봉오리 진 목련이 204호 강의실을 들여다본다
불꽃같은 향나무 혼자 인문관을 싸지른다

중도에서 만나요
누군가 흘리고 간 구리 열쇠
중앙도서관으로 가는 걸음이 푸석하다

넌 빠진 나사처럼 헐겁게
내게서
툭 떨어진다

휘발성의 하루가 머저리처럼 서 있다

꼬리만 브이

꽁치를 구웠다
살을 바르고 젓가락을 드니 핏기 가신
가시 한 줄
맛문한 파도 따라
좌우로 고요히 날을 세우고

물에 풀어놓으면
가시들, 한사코
식탁을 향해
헤엄칠 것 같다
수평의 깊이에 익사하는 건
뾰족한 대가리,

존재를 흔들던
얇은 꼬리가 각을 세운다
퍼런 수심이 울돌목처럼 휘감겨 도는 저녁
난 어둠의 행렬과 실패를 넘나든 등 푸른 고집이 궁금하다

가시의 평행과 둥글게 연결되는 접시의
그 어디쯤에서

불쑥
솟구치는 V자 꼬리

일자로 뻗을 순 없어
카운트다운 끝나기 전
젓가락 떠나기 전, 마지막 한 방
V 하나 꺼내기 위해
여기까지 왔다

헤세의 모자

내가 태어나던 날의 저녁은 저음이었어요
한여름 열기 가득 찬 방에
위층을 내달리는 얼룩말 소리, 인터폰은 귀가 멀어
한 귀로만 소릴 질러요
그림을 그릴 땐 뜨거운 물감이 좋아요 빨갛고 검은
색으로 섞이지 않는 감정을 절단 내니까요
얼룩말은 엄마가 볼 때만 말을 들어요 누나가
데려온 순한 짐승은 사바나 숲에서나 쓸모 있죠
기린 라쿤 코끼리가 밤새 초원을 휩쓸고
반쯤 걸린 달이 저 혼자 말울음 소릴 내요
오랫동안 떠돌아다니지 않은 화분은 구름을 이해하지 못하고
네거리의 버스는 정육점 붉은빛을 퉁명스레 스쳐가죠
아버진 피곤 한 상자를 들고 집에 와요
침묵을 깎아 접시에 내놓으면 밤새 갈변하고
엄마는 층간소음 조정위원회 전화번호를 검색해요
친구가 놀러 와요
그리다 만 그림 속에 풍덩 헤엄쳐 들어가네요
난 조용히 놀라고 소리 쳐요
더운 문을 열어젖힌 엄마는
각자의 언어로 말하는 우릴 내몰아요
난 별을 닮은 모자를 쓰고 마음을 꿰뚫는 나무를
보러 떠나요

뻗은 가지마다 쓰디쓴 심장들이 척척 널려 있네요
빨간 물감을 묻힌 친구와 별 모자를 쓴 내가
어디로 갔는지 북위 37도에선 알 수 없어요
화구를 든 칠월의 방랑을
따라가 본 적이 있나요
쿵쿵거리는 적막을
깊게 눌러쓴 적 있나요

엄마 나가면

　엄마 나가면 수국 엄마 나가면 라면 엄마 나가면 바나나 오늘 엄마 나가면 비늘 또 엄마 나가면 냄비 엄마 나가면 소낙비

　그러다 엄마가 들어오면 난 노트를 내오고 수국 밖 바나나에 반하지 어제 하다 만 숙제를 유리 밑에 깔고 구피에게 얇은 부대낌을 퍼붓지 내 목까지 오른 보랏빛 체액을 엄만 늘 구름으로 생각해

　어떤 남자와 키스를 하는 엄만 갈치 비늘을 주고받는 거야 여덟 시간이 지난 선어 회 맛은 식탁 아래서 붉게 변하지 별안간 입이 떨어진 엄마가 군소빛을 띠고 루어를 던진 남자 손이 오래 흔들려, 난 종종 미늘이 되지

　오후엔 냄비 속에 옆 사람 얼굴을 뜯어와 넣고 끓이지 전단지 속의 여자가 늙어 보여 빨간 꽃을 보여주는데 또 한 여자가 나왔어 푸석한 말을 녹일 수 있는 건 명백한 국자뿐

　부엌을 한나절 사랑한 엄마가 내게서 나갔지 라면은 꼬불꼬불한 면발로 눈부시지만 풀어지지 않는 감정은 짜거나 헛헛해 천장에서 소낙비를 뿌리고 익숙한 느낌의 마법이 되풀이되지 난 연필을 잃어버렸어

초인종이 울리고 누군가 전서체로 서 있어 난 엄마를 찾지 않아 늘 발견할 뿐이지 식물성이 되고 싶은 구름을 한 국자 퍼올려 화분에 부어주지 엄마는 어디에나 있고 아침을 지나 저녁까지 지지않고

 닮았다 뒤에 숨은 애틋함은 쓰레기통이야 헌 필통이 반쯤 열린 현관을 노려보고 있어 난 찢어진 노트를 이제 엄마로 불러, 저편 게스트하우스에 막 불이 켜지네

 수국 냄비 바나나가 가출하고 있어

똘기*

테두리가 빨간 미미 애견 샵 난, 푸들이에요
나무 뒤로 숨으면 보이지 않는 색을 입고 방석과
하루 종일 놀아요 재채기 몇 번, 노란 목방울이 흔들리는데

귀를 부비고 꼬리를 물면 보이지 않는
유리창 밖은 당돌하게 어려져요

플라스틱 같은 따분을 하루 종일 굴리다
엄마가 고파요 젖 빠는 배냇짓에 사람들이 웃고
빨간 수전에 분홍 입을 물리면 쇳내 나는
엄마가 식은 젖을 흘려요

티컵 강아지가 되기 위해 내 안에 넣고 다닌
비명은 몇 개나 될까요

떫은 과육이 햇살을 포식하는 한낮은
여치도 노루오줌도 숨죽이며
기다리는데

창밖의 눈 속에 울타리는 없어요
호들갑떠는 여자 옆에 선물 고르는 남자, 터무니없이
나를 똑 따요

설익은 것들은 발바닥이 붉어
뒹굴던 바닥마다 꽃잎 몇 장 떨구죠
언제 눈을 뜰까요
아무도 가르쳐주지 않네요

* 똘기: 채 익지 않은 과일.

등의 믿음

등 돌리고 가는 등을 끝까지 믿어
오래 바라본다
회사에 사표를 내고 돌아서던
친구의 얼굴, 마네킹처럼 화사해
손닿지 않는 등을 잊었다
회전문 사이로 비집고 들어오는
풍문은 뒤축이 다 닳아
너덜너덜하다
서랍을 뒤지던 손끝에
긍정과 부정 사이를 수없이 오간
해진 쪽지 한 장
등쳐먹는 순간까지 목에 걸린
가시 같은 울음 몇 줄
덤으로 얹어주는 상대의 누런 배추 다발이
설익은 눈물을 수습한다
비행운이 창을 가른다
비늘구름 행간에
차마 못한 추락이 얼룩져 있고
갈림길에서 몇 번 갈지자로 튼
입술만 흐릿하다
사무실에 불을 끈다
마네킹에 어둠을 입히고

침묵의 바깥을 본다
앞뒤가 지워진 눈먼 자들의
도시가 붕 뜬다
우리가 기댔던 체온은
점점 불어터지고
후끈한 네온 뒤의 쇼윈도가
얼굴을 벗는다
페트라로 가는 길은 멀다
몇 달이 지나도
내 몸 반대편
사구만 황량한 모래벌판을
친구는 맡기고 갔다
등은 등을 믿는다

엔제리너스

문이 열릴 때마다 탁자가 식는다
날개가 문틈에 끼어
바람이 먼저 온다
월세 전환 계약서가 바닥에 떨어진다 주인은
자리에 없다
소인국에서 전화가 온다
구두가 젖지 않게 천천히 가란다
블랙이 흐린 금을 그은 찻잔, 사람들이
천사의 문을 연다
미니어쳐 마을에 눈 내리고
저녁이 쌓인 집들
초콜릿색 굴뚝에 연기가 오른다
월세는 처마 밑 고드름
흰 천사들과 볼이 빨간 사람들이
톱밥 속 불씨를 밤새 지피다 잠든다
눈밭을 걸어온 구두가 희다
빈 의자 아래
계약서가 뒹군다
카운터 밖 겨울은 거처가 없고
망가진 저녁은 드라이버가 없다
라떼 한 잔
둥근 탁자에 얹히고

너무 먼 천국은 오천오백 원
용맹한 전사를 뽑는다는 IS의 뉴스에는
천사가 없다

잡어

그것은 한때 돌돔이고 방어였다
나를 통과하는 고기 떼, 무수한
유선형의 고통은
찰과상 아래 비늘을 흘린다
나비 꿈을 따라 내가 그것들을 만난
확률에 접안했을 때
고기인지 나비인지 모를 펄에 박힌다
수족관을 오르내리는 뜰채
난 물고기들의 후생을 헤엄친다
네모난 바다 한 켠
관성으로 눌어붙은 눈동자들
새벽이면 길냥이들이 한 알씩 빼가고
한 생이 도마에 얹혀진다 부산한 칼질
찢긴 날개로 허우적대는 밤은 황홀하다
장자가 떠난 수산시장
난 헛걸음을 돌린다
저편 바다 횟집 앞
저마다 은밀하게 손 사냥을 하는 사람들
싱싱한 놈으로 잘 고른 눈이
초장 없이 입맛을 다신다
수조 안에서 보면 모두 다 잔챙이들
거품기 밖

자잘한 씨알들이 입을 껌벅인다
우화羽化를 잊은 생은
한사코 멸치 떼를 이루어
자기를 잃는다
돌돔 눈알 오래도록
물속에서 구부러지고

바다의 괄호

남자가 괄호처럼 졸고 있다

바닷가에 닿는 날이면
표정 몇 개가 바스러진다
검은 가방을 메고
파도의 바깥을 어슬렁거린 사내

볕이 눈을 가리고 착란의 오후가 남자를 뭉갠다 점퍼 사이 굳은 목이 칼바람을 받는다 장미나무의 병사들은 왼편으로 지나가고

해안선으로 밀려온 어둠이
긴 나무의자를 들썩인다

기대지도 못한
바다가 한 움큼씩 패인다

병사들이 시든 꽃을 비켜 가고 창과 방패가 벤치에 널브러진다
섞이지 않는 괄호 밖으로 흐르고

무게를 잃은 남자, 뒤척인다

쓱
— 에드워드 호퍼식으로

여기는 판도라 행성
연둣빛 천장이 둥글게 매달리고 검은 올빼미는
날아갔다 모든 것을 받은 여자가 투명하게 앉아 있고
은하철도 999는 어둠을 헤치고 달린다

청동거울을 목에 건 여자의 옆구리에서
줄기가 뻗어 나와 차창을 가린다 거울은 타他를 비추다 검게 탄다
햄릿의 습성은 같은 얼굴을 달고 매번 행방을 바꾸는 것
모로 앉은 여자의 구두 한 짝이 벗겨진다

황소자리에 초신성이 달려오고 선물은 넘치고
검은 거울과 뻗은 줄기가 창을 교호한다 같은 방향을 바라볼 때 행성은 폭발하므로 여자가 자리를 비우고 남자는 졸고 있다

음료 카트가 지나간다 분화구 속으로 구두 한 짝이 처박힌다
탐색이 끝난 남자의 하품, 왜곡 된 올빼미가 눈앞을 찍어댄다

차가 멈추고 침대칸에서 사람이 쏟아진다 캐리어를 끌고 여자 앞을 지나가는 남자, 소리 없이 출입문이 열린다 문틈에 끼어 퍼렇게 멍이 든 행운은 처치곤란, 컨베이어벨트 기차가 출발한다

드레스 룸

헤링본 바지엔 고양이가 산다 청어 가시에 찔리지 않게 발끝을 세우고 나와 똑같아지려는 호랑이를 거울 저편에서 본다 점프해서 빨강이 된다면 즐겨찾기는 끝장이다

어느 날 원피스는 컨테이너에서 자란다 매일 다른 생각만 비추다 멜팅 다운된 거울 앞에 취향이 방전된다 내 컨테이너는 파랑 빨강 초록 기타 등등으로 환승한다

러플 블라우스를 좋아한다 아웃커브가 커지고 러플이 난만할 때 난 보색의 목걸이를 건다 유토피아보다 더 지독한 것들이 종종 행거에 나열된다

폴로셔츠가 나를 수확하는 건 오전 6시 4분, 바닥의 스키니 진이 허벅지를 입고 흰 벨트가 계약을 묶는다 붉음과 파랑이 서로를 혼동해 7시 반의 전철은 한 박자 늦게 온다

구멍 뚫린 청바지 한 장, 현상되지 않은 흔적들이 가볍게 새고 있다 망가진 망각들이 헐렁하다 내가 호랑이였던 호랑이가 나였던 한때, 지옥의 숲은 나를 소비한다

붉은 마놀로 블라닉을 꺼내 신고 계단을 내려온다 파울로코엘료가 흰 자동차 문을 연다

장면 A

프리즘을 통과한 분절 색들이 차창에 갇혀 있다 애인을 만난 시간은 주홍빛 저녁이고 네거리 마트 입간판도 붉다 뒤차의 경적, 벚꽃이 핀다 가시광선 속으로 들어간 꽃들이 백골이 된다 퇴화된 키스의 흔적 곁으로 불빛이 새고

신호등이 바뀐다 베토벤 소나타 제26번이 채 끝나기도 전에 애인은 꽃 속으로 들어간다 심쿵의 바닥은 부실 시공한 아파트 베란다여서 자리가 깊게 패인다 꽃들이 골조를 드러내고 나는, 뼈마디를 낮춘 오보에 소리에 묻힌다 뭐라도 자라는 밤

라면을 끓인 사람들은 모두 천국에 간 걸까 휘발한 분홍색 스카프를 목에 두르고 길에 난간에 서있다 꽃잎 날리고 편의점엔 알바생이 컵라면을 혼자 먹는다 우리의 표식은 동일하지만 시선은 헝클어진다 어떤 침몰도 용서할 수 있을 것 같은 심야

스미고 있었던 거다 아니, 흘러간 거다 처음과 끝을, 청색과 붉은색을 한 봉지에 넣었던 거다 부러진 색들을 탕진한 거다 쏙 지나가는 꽃을 지녔던 거다 꿈의 플러그를 뽑고 울었던 거다 나쁜 사마리아인처럼 멍하니 서 있었던 거다

화무花無한 네거리에 오토바이 굉음이 지나간다 봄이 푹, 꺼진다

미미美味

꼬리를 바짝 세운 저녁, 꽃 떨어지는 소리에도 먼지처럼 일어나는 불안, 노란 눈알이 번쩍인다

앞길을 가린 자동차처럼 불안이 온다 여자의 치맛자락에 마른 씨방이 묻어오고 함부로 오줌을 갈긴 사타구니가 시무룩하다 그루잠에 든 잔등 위로 날카로운 송곳니의 일격, 노숙의 부조리가 비비탄처럼 튄다 골목을 깊게 긋는 자상, 우리의 적은 항상 우리

마지막 식사는 은밀하지 않아서 행인들 1, 2가 질겁하고 지나간다 잇 사이로 낀 털 조각 몇 개, 비릿한 연대는 목구멍 속에서 뒤엉키고 입가엔 여자 치마 같은 붉은 꽃이 핀다

불안은 오늘밤 최고의 미식美食, 칼과 포크 없이도 식사는 위대하다 골목에 흩뿌린 피톨이 마른 담벼락 아래 떨어진다 봄이 되면 싹을 내밀 연분홍 불안, 여자의 늦은 발자국이 재개발 5구역 행성에서 또각 멈춘다

제 3 부

간間

 단발머리가 검은 책가방을 안고 있다 밤 11시의 아파트 꼭대기는 허술하다 가슴팍에 밀착시킨 검은 가방, 마지막 엔터키를 쳐야 한다 떠오르는 것들, 눈물을 끈다 꿈속은 지퍼가 없어 편하다 헝클어진 방에 얼룩을 입힌다 비단잉어를 키우고 이끼 가득한 침대를 편애한다 삼십 초 간격으로 왕따 카톡이 쏟아진다 레고블록으로 조립한 기억은 원색이다 빨강 파랑 초록 노랑, 브레이크가 고장 난 건 초록쯤이었다 부활절 계란을 먹는 것으로 망가진 해먹을 수리할 수 없다 날마다 추락을 꿈꾼다 몇 컷의 사진처럼 정지된 교실, 회색 도플갱어가 축축하게 돌아다닌다 밤 9시 10분, 모호한 신은 어둔 한 켠에서 팔짱을 끼고 관전 중이다 붉은 색 비단잉어 한 마리 방생하고 얼룩을 지운다 와인 보틀 풍의 전화벨이 울린다 습기 가득한 바람이 저편의 목소리를 끊는다 입들 떠다니고 카톡이 별빛으로 쏟아지고, 다른 단발머리가 직전의 흰 손목을 낚아챈다 잭의 콩나무가 벽을 타고 오른다

MRI

멀리서 난타 북소리
누군가 어둠을 친다 통 속으로 입수하는
순간

어디 먼 굴참나무 숲
머리 붉은 딱따구리가 난청을 때리고
파헤쳐진 내장은 골목의 싱크홀,
난 지도를 잃고 헤맨다

구멍에 빠지는 날이 많아
층계는 점점 커지고
추락하는 바닥의 발목을 잡는다

나를 스캔하는 불빛이 승강하고
얇게 저민 의심을 해독하는 시간
원시인의 함성이 북소리에 몰려온다

아버지의 털북숭이 아버지들이 돌도끼를 들고
고장 난 자궁을 두들긴다
심장이 뛰고 아직 태어나지 못한 내가
유령처럼 숨어 있다

어지럽게 때리는 소리를 따라
아버지는 내게 흘러왔다
어금니 꽉 문 생을 수선하러
자기장을 뚫고 잠입했다

통이 열리고
나를 게워낸 시트가 시큼하다
북소리 빠져나간
얼굴에
투구꽃 한 송이

절정이 막 지나갔다

고래 편의점

편의점 귀퉁이에 고래가 산다
해류 빠른 그곳에 매일 출몰하는 건
헐렁한 잔고가 오래 자맥질하기 때문
원 플러스 원 팔도라면과 소주를 집어 든다
물살을 버티는 힘이 깊은 주름으로 패이고
몸통을 넘나드는 풍랑,
실업 급여 통장은 미역귀처럼 오그라들고
구직 활동 보고서는 기포처럼 가물거린다
작살에 찔린 등짝을 신신파스 석장으로 때우고
그늘진 밑바닥에 부피 없는 자리를 깔고 눈 감으면
부옇게 떠오르는 아침
4050 재취업 특강이 열린다
함께 앉은 어족들이 까무룩 졸고
닿을 수 없는 기억만 둥둥 떠다닌다
고래에게 지도는 없다 해류를 따라
습관처럼 몸을 몰던 구멍 난 생각들뿐
바다 빛이 달라지는 지점마다
숨구멍을 가쁘게 올리다 저만치 나가떨어진다
취업 수당 청구서가
목덜미를 꽉 무는 오후
반값 할인 스티커의
삼각김밥 두 개가 고래를 부른다

식은 국물이 턱수염 위로 얼룩지고
창밖은 멀건 햇살, 언제부턴가
베이비부머 꼬리표가 꼬리에서 자란다
반의 반값에 세일 되고픈
고래 한 마리, 느지막이
편의점을 나선다

고려 엉겅퀴

곤드레 나물 축제
 네이버 검색란에 곤드레가 지천이다 연한 잎이 커서처럼 퍼진다

 기차가 설 때마다 사람들 쏟아진다
 허기가 시장으로 몰려온다 잎의 시절에 걸터앉아 곤드레 나물을 비빈다 간장과 깨소금을 더해 입 위에 입들이 포개지는 봄,

 푸성귀는 시간의 구석을 키운다 하루치의 잎사귀는 하루씩 꽃대를 올려

 늦가을 곤드레 밭, 보랏빛 엉겅퀴 꽃이 사방에서 터진다
 식물학자들은 비로소 고려 엉겅퀴라 한다 잎의 시절, 한 번도 짐작 못한 대전帶電이 꽃과 나를 관통한다

 엉겅퀴를 곤드레로 착란한 순간
 온 몸이 감전된다

 꽃의 계절을 싹둑
 자른 죄

어떤 과오는
꽃으로 갚는다는 걸, 나는 몰랐다

블루

 구름이 기우는 아침에 신문을 펴들고 너에게 기우는 커피를 마신다 손을 참지 못하는 손잡이와 감자칩 부스러기들이 아래로 기운다

 우디 프로럴향의 샴푸가 디스코파티를 탄다 한쪽이 기울면 반대편이 솟는 천진한 게임을 더는 믿지 않는다 어제의 기울기를 욕실 밖 낡은 소파가 버티고 있다

 브레이크가 고장 난 차를 타고 간다 속도는 낡은 창처럼 익숙해지다 폭설을 만나고 난 ㄷ자 횡단보도의 비대칭에게 손을 내민다 네가 빠진 소유격은 기울기가 심하다

 비를 맞다 아이패드 화면 속으로 사라진 너, 엘리스의 구두 코를 바닥에 찍고 있다 파란 흔들림이 화면 밖에서 젖고 너는 비스듬한 각도로 우주에서 점멸 중이다

 신문이 밤새 구독한 현상은 먹장 구름에 먹히고 하루치의 하루살이와 셀 수 없는 오독이 감시 카메라를 엿본다 너를 뺀 모닝커피는 갸우뚱 편파적이어서

 푸른 색 커튼을 울컥 당긴다

매듭을 풀며

 질긴 포장을 풀어헤친다 큐티클 층이 약한 검지 손톱이 파이처럼 벗겨진다 포장지를 높게 쌓으며 밤새 털어 먹었던 과자 속에 엄마는 없다

 부재의 끝은 녹이 슨다 청동 이끼가 부재를 덮고 입술을 감는다 황금비율로 한 생을 재단한 여자가 비너스 자세로 꿈을 꾼다 박하사탕을 와작 깨문 입, 풍문은 언제나 윤이 나고

 나는 마음에 풀을 먹인다 뻣뻣해진 혀가 이끼를 찢는다 개미 동굴 같은 출구, 덩굴성의 취미를 버리지 못한 난 살갗이 드러난 출구를 감는다 갈라진 손톱에 도리매듭을 짓는다 엄마는 아직 공갈빵처럼 비어 있고

 풍경에 발을 내밀 수 없다 고장 난 엄마를 트랜지스터라디오처럼 흔든다 빈 문짝처럼 밤이 오고 매듭은 너무 질기고 집요하다 가위를 집어 든다 속수무책을 가로세로로 자른다

 툭, 울음이 끊어진다 검지 손톱에 패인 늙은 여자가 나를 지나간다 줄루족 여인의 뒷모습이 강을 건넌다 짓무른 통증이 벌겋게 일어선다 박주가리 같은 그늘만 오래 거풍 중이다

의자

　미국 루이지애나 생명의학연구소는 나를 살인병기라 지목했다
　군살이 붙고 단 오줌이 튀고 간이 커지게 하는 마술은
　눈뜨고도 믿을 수 없는 원더랜드의 마법,
　내 영토의 필살기다
　오발, 캐스팅, 나비 락킹 거기에 사각 팔걸이와 손잡이
　프로파일링의 선상에 오른 내장들,
　오발은 엉덩이의 브랜드를 공고히 하고
　캐스팅은 한낮의 오수를 소비한다
　꼬리명주나비 같은 내 진심은 나비 락킹에 저장한다
　살인을 저지른 자의 도덕적 죄는
　태양이 다른 유성을 동시에 비추는 것으로 은폐한다
　심장마비로 죽을 확률이 54퍼센트나 된다니
　시치미를 뗀 나의 유일한 취미는
　아바타를 무한 생산하는 것, 그러므로
　난 회전의자처럼 즐겁다
　행간을 넓힌 기사가 사람들의 기억을
　좀벌레처럼 부식시킬 것이니
　더 안락하고 더 섹시하게
　살인을 맛보는 건
　지구에서 허락된 유일한 카니발

아
이제 그만
날 의자에서 내려줘

입과 포크 사이

허공은 층층의 혀를 지닌다
난 아침의 공복을 잘게 부수며 모딜리아니 그림 속의
청동사과 오른편에 선다

공복은 너무 오래 술래를 섰다 사과는 사과처럼 구르거나 숨
기를 잘해 우린 잠시 의자인 척하고

바케트가 부서진다 허공의 층계가 구겨진다 여자의 눈에 남
중하는 햇살이 빛나고 난 목이 마르다 입 속의 포크는 타인을
맛보던 버릇을 아직 버리지 못한다

목이 얇은 여인과 낡은 의자가 있다 한 켠에 이음새가 터진
슬리퍼를 놓아둔다 군청색 배경에 푸른 눈을 놓친다 녹이 슬기
시작한 사과가 왼편으로 기운다

삐걱 이는 계단이 풀어지고 하늘에서 입이 내린다 금속성 욕
망이 차갑게 혀를 찌른다 푸른 사과는 사과처럼 앉아있고 굳은
빵을 덜어낸 접시가 내 앞에 놓인다

너무 먼 거리를 그는 혼자 왔다

모나미 0.7로 쓰다

   비가 오려다 만 하늘, 사방은 반가사유다 과원의 귀퉁이에 비 켜서 노트를 펼친다 우듬지와 물오른 다리, 날것의 사과는 여름 속 씨방에 있다

   생선뼈 같은 가위가 사과나무를 전지한다 아직은 초록, 붉음이 목을 타고 올라올 때까지 기다려야 한다 볼펜을 갖지 못한 말은 연둣빛이다

   몇 알의 사과, 통점을 견디다 붉은 외투를 입을 것이다 사과의 내력 사과의 중력 사과의 오후, 색연필처럼 풀어질 생몰기가 익어 간다

   누군가는 달달한 종이 한 장을 발등에 던지고 누군가는 비에 젖지 않은 검은 우산을 허공에 매단다 사과의 둥긂이 쓰이는 대목엔 비가 올 것이다

   구름이 사과의 한가운데 뿌리째 들어와 박힌다 풋내 나는 말들이 후두둑 비꽃에 젖는다 가지와 가지 사이를 헤집던 우레가 얼룩진다

   사과는 0.7 브릭스로 한 생을 쓴다

취업준비생

11월 30일과 12월 1일 사이
삼선 슬리퍼를 끌며 마트에 간다 늦은 밤 맥주 한 캔과
새우깡을 사들고 경사진 길을 오른다

하늘엔 물고기 성운
전갈들이 먹어치운 자정은 껍데기만 뒹굴고
아직 오지 않은 천칭좌의 행운을 잡기 위해 난
밤늦도록 수험서를 뒤적인다

공병을 수거하는 마트의 병 소리에 아침이 오고
11월과 12월을 가르는 하루는 빈 과자 봉지 사이에 있다
과자 속 꽉 찬 질소가 12월을 부풀릴 때 난
합격 통지서를 기다리며 질식한다

딱 하나만을
떡 하나로 읽는
아파트 관리실 벽보가 팔랑인다
그 위로 찰싹 달라붙은
똥파리 한 마리가
눈부시다

스마트폰에 떠오른
다. 음. 기. 회. 에
다섯 글자

목 늘어난 하루가
빨래건조대에
널브러진다

정개밭*

  어멍 이곳의 밤은 오랏줄이라오 망개넝쿨 쥐똥나무 구지뽕나무 한데 엉켜 숨골 깊은 곳까지 동여매고 있다오 어제는 검은 돌무덩 하루 종일 치웠소

  아침이면 늦은 동백 핏빛으로 혼절하고 사철 맨발은 말발굽 되던 걸 등짝에 콩짜개난처럼 들러붙는 지게, 저 혼자 밭담을 넘고 산담을 오른다오

  치워도 치워도 검은 숲은 붉은 속곳을 보여주지 않으니 명년에도 몽생이 엉덩짝이나 후려쳐야 할런지. 손바닥만 한 밭뙈기 인동초처럼 뻗어가는 꿈은 오늘도 어둡기만 하오

  후들거리는 가랑이 사이로 곶자왈 땅 지게를 던지고 숯검댕 내려앉은 얼굴도 고시래 던져버리오 손발톱이 다 닳은 육박나무, 짚신도 없이 미명을 끌고 있소

  던져버린 몰골 다시 찾아 없고 도새기만도 못한 하루 손바닥만 한 하늘에 들킬까 두 손으로 가리오 조 수수 근심 없이 커가는 말간 배경은 껍질 벗겨줄 환한 때만 기다리고 있다오

  꼭지 떼고 잇 사이로 질겅 씹어 보는 노을, 어멍 젖가슴에 파묻혀 바라보던 그날의 것과 겹쳐 분간이 안 되오 둥그레 당

실 둥그래 당실 어멍, 오돌또기 오름을 타고 울음으로 쏟아지는 날

  조여 오는 질긴 오랏줄일랑 땅속 깊이 심어버릴 테요 내년이면 무심한 밭에 연두콩처럼 흐드러지려나…… 원수 같은 개망초 흐벅지게 문드러진대도 어멍 젖 같은 밭 한 배미 눈이 부신, 어멍 호꼼만 이십 서게**

* 정개밭: 제주 대정읍 무릉리 곶자왈에 있는 유일한 묵정밭.
** 어멍 호꼼만 이십 서게: '어머니, 조금만 계십시오'의 제주 방언.

아시아드 공원

바둑판을 부추기는 소란, 노릇한 한낮의
졸음 속에 쉬 풀어지지 않는 훈수는 두지 마세요
비루한 어깨 너머 백내장 같은 하루가
구취를 풍겨요 검은 돌이 흰 돌을 잡아먹고
판 아래서는 수전증이 손을 잡아먹어요
늦은 봄을 깔고 소주를 마시는 늙은 사내들
금이 간 얼굴을 들이 붓는데
바람이 드나드는 뼈 마디마디
반나절의 취기가 풀밭에 널브러지고
일수불퇴를 모르는 차디찬 엉덩이가
빨간 플라스틱 의자에 얹혀져요
흑집 서너 점에 백집이 무너지는 아수라
찬란은 늘 순간이지만
때론 깨진 거울이에요
집수를 세는 눈빛이 바둑판을 붙들고
이기고 지는 농담은 공원 잔디밭에 던져요
가끔 청춘을 마시고 싶지만 뱀처럼 도망가요
바둑판은 돌고 돌아 네 귀퉁이가
둥글어지고 등허리 휜 무덤 네 귀가 바둑판을 거둬요
비꽃이 몰고 온 한 자루의 매춘,
집은 여기서 한참 걸려요

자작나무를 일독하다

 흰 것이 흰 것을 부르는 숲속, 머릿속이 소금밭이다 하얀 수피 사이로 까맣게 드러나는 그을음,
 내가 나를 벤 적이 있다

 나무의 삼투압, 잎을 내는 순간 보랏빛이 번진다 목소리만 남은 숲에 나무들이 한 줄로 걷는다 맨 뒷줄의 난 흐린 보폭을 걷는다 페이지에 전이된 퍼플이 격렬하다

 백제 개로왕처럼 서 있다 꿈속의 도미부인을 기다린다 백일몽에 기대선 등 뒤로 몸피에 그득한 칼자국, 가지마다 한 자락씩 찢겨 나가는 몽유夢遊,

 여름을 맞대면 겨울의 이마에 닿는 뿌리, 다리가 지워진 나무들 사이를 걷는다 몇 칸을 뛰어넘은 숲이 희다 수피에 불 싸지르고 도망 간 여자가 저기 서 있다

제 4 부

닌빈 비망록

 닌빈, 입 속으로 삼키면 난민이 되어 기포처럼 떠오른다 부유하는 건 왕조의 문장 같은 수초만이 아니어서 물 위에 어지러운 표시를 남긴다 긴꼬리원숭이 떼 지어 다니는 항카 동굴 아래 폐허의 왕궁, 성근 뜰채 질에 빠져 파문이 지고

 여자의 무릎에 무진霧津 안개가 스며든다 바람의 눈꺼풀이 물살을 가르고 귀와 눈을 가린 적요가 포물선을 그린다 밥 짓는 저녁, 안남미 같은 불빛이 멀리서 반짝이는데

 낯익은 당신이 낯설게 온다 검을 뽑아 내 심장을 가른 후로 한 번도 보이지 않던 모습이 초록 물 사이로 찰박인다 헝클어진 머리에 왕관을 얹고 내 쓰라린 폐허 위에 정박한다

 닌빈 널 만나기 위해 낡은 수첩을 꺼낸다

몬드리안 무늬

하늘의 민낯을 본다 먼나무 속 새들의 지금은 어제의 트라우마다 구체관절인형은 팔다리를 꺾기 전 안절부절못하고 새들은 가라앉는다

하늘의 형태소는 수평과 수직이 전부여서 밤이 올 때 새들은 네모가 된다 도둑고양이가 지나가고 종종 날개 찢긴 비둘기가 던져진다

빨간 냄비에 국을 끓이고 파란 우산을 펼친다 가끔 노란 참외를 비닐봉지에 담아 오다 쏟기도 한다 폼포드지로 나눈 하늘은 쉬이 부풀거나 끊어진다

이면에 색색의 새들을 오려 붙이면 새털구름 몇 장이 하늘을 덮는다 먼나무의 우듬지는 생의 흔들림을 트리 장식처럼 매단다 하늘을 사육하는 꿈은 너무 맑아 새들이 하늘 틈새에 종종 낀다

구체관절인형을 문 고양이가 취한 듯 풀어지고 하늘이 맨얼굴을 반, 반의반으로 자꾸 접는다 네모와 네모가 번지고 그 사이에 단단한 그늘이 생긴다

하늘이 네모 모자를 쓴다 먼나무 열매가 떨어진다 고양이가 다른 속도로 아홉 시를 지나고 수직은 지친다 더 자라야 하는 것들은 수평을 덮고 잠든다

한밤의 누슈*

내가 사랑하는 것을 내게서 멀어지게 하는 기도가 들립니까
우리는 알아들을 수 없는 말을 가졌으므로
외국인처럼 말을 합니다

미지의 시간 앞에 재발명되고
재발견되어야 하는 것들
나를 뚫고 나오는 말과 당신의 문법은 모호합니다
서로 어긋나기 위해 맞이하는 순간들
탐험이 모험을 모르듯
우리는 사전에 없는 말을 만들기도 합니다

밤 문을 두드리고 간
손
당신은 나를 알지만
나의 기호는 당신을 모릅니다

우리가 한 침대에서 바라보는 풍경은 끝내 알 수 없고
순간의 황홀은 비출수록 어두워집니다
독해가 어려운 감정은
우리를 다른 곳으로 데려가고

한밤은 배달되지 않습니다
갓 죽은 말이 갓 구운 빵으로 향기를 올립니다
들리지도 보이지도 않는 언어,
난 밤새
휴지로 팩스를 보냅니다

    우린 거북목으로 늙어갈 것이고

* 누슈(nushu): 약 400년 전 중국 여성들이 만든 자기들만의 은밀한 언어, 남자들은 해독 불가였다.

짜디짠 말

할머니와 아버지 큰아버지는 멸치 잡고 말리느라 말이 없다 종일 등으로 말을 하는 어른들, 아홉 살 미영이는 홀로 섬이다

멸치는 메루치로 풀어진다 잘 말린 메루치는 엄마를 데려올 것이다 소주에 라면을 곁들이며 캬! 하던 아버지가, 펜잘을 달고 사는 할머니가, 석상 같은 큰아버지가 우리 미영이 하며 말할 것이다

미역귀처럼 웃을 것이다 윤슬처럼 빛나는 말 미역국처럼 뜨거운 말이 조반상에 올라올 것이다 밀려온 콜라병 속엔 엄마의 달달한 말이 들어 있을 것이다

구불텅한 해변을 이웃집 해창이랑 마구 달린다 바닷속 멸치란 멸치는 모두 눈이 없으면 좋겠다 눈은 슬픔을 퍼 담는 그릇이라고 바다가 말했다

올해는 멸치 금이 엉망이라고 큰아버지는 끓는 멸치 솥만 휘휘 젓는다 소금기 밴 말들이 대마도* 뻘밭에 부려진다 바다가 종일 헹궈도 속을 보이지 않는다 할머니가 짜디 짠 해소를 뱉는다

* 대마도: 전남 진도군에 있는 섬.

로토루와*

 바다 새가 온다 연가는 멈추고 비바람 치던 바다는 호수였다 유황 내 진동하는 너를 저 바다로 기억한다 판게아의 눈으로 보면

 너와 난 한 덩어리, 마주 댄 손바닥이 찰랑인다 추장의 딸과 무사의 사랑이 네 속에 잠겨 있다 열쇠를 던지던 연인의 중간이 끊어지고

 뜨거운 감옥을 뛰쳐나온 공룡들이 간헐천 물기둥 끝에 솟구친다 끓는 진흙탕에 빗금이 가고 추장의 딸이 토기를 굽는다 무사는 하루 종일 혈투를 벌이다

 길고 흰 구름을 바라본다 두 개의 심장이 물속에서 풀어지고 넌 끓어 넘친 적 없는 애인을 기다린다

 추장의 딸은 추장이 됐고 무사는 구름 아래 점포를 홀로 낸다 백악기를 밟고 도망간 공룡은 붉은 발을 절뚝이고

 물 밑에 가라앉은 두 호수는 자란다 훗날 침대에서 지도를 유심히 보던 사람이 판게아를 만난다
 너는 없고 이후가 된 호수만 보고 있다

* 로토루와: 뉴질랜드의 화산지역, 연가의 무대.

송정, 고흐의 바다

화병을 벗어난
해바라기가
송정 바다에 잠긴다

바다가 현상이라면
노란빛은 파도의 우울을 스캔한 것
한 무더기의 꽃으로도 바다의 본질은 깨진다

고흐의 눈빛에 꺾인 모래톱 아래
노란색만 골라 쪼는 갈매기들
해바라기의 수심은 송정의 모래알들만 안다

수평선에 베이고 싶은
바다, 귀를 잘라 까마귀에게 던진
사내, 숫돌 한번 간 적 없는 파도가 둘 사이를 가른다

거친 붓질로 발광하는
해바라기, 바다, 새, 맛문한 울음
둥글게 말려 어딘가를 헤매다
해변에 닿는다

송정바다가
화병에 꽂혀 있다

벌거벗은 눈

둥둥 북이 울린다
사냥감을 쫓는 사내의 발, 흰 독말꽃을 짓이긴다
돌촉과 돌도끼를 던지고 서릿발을 세운다
발가락 사이 검불처럼 달라붙은 꽃이파리,
사내의 동굴은 향기로 주눅 들고

휘슬이 울리고 선수들이 둥근 공을 쫓는다
공 위에서 엉키는 너댓 개의 눈과 목울대를 세운 관중들,
모두 둥근 사냥감을 쫓는다
돔 구장을 휘감아 퍼 올리는 북소리 우우―
자음을 탈각한 모음들만 뜨겁다
전광판에 에이스침대

난 북소리를 밀치며
침대를 가로질러 소리를 지른다
가위눌림의 긴 가위를 허우적대다

새벽 한 시 공룡 발자국 같은 비가 내린다
축구화는 빗소리 뒤로 보일락 말락,
여배우 K의 헤픈 웃음이 사냥감을 몬다
비명엔 목구멍이 없다
새벽 두 시, 잠들지 못한다

얼음돔이 왔다

깻잎 한 장 덮는다
대가리가 움찔한다 잎으로 가린 냉기가 팽팽하다
회 한 점 집어 든다

심해는 그의 골목,
어둠은 가라앉지 않는다 몇 바퀴의 희망과 등뼈를 세운
허기가 수심을 절단한다
수없이 오간
날카로운 골목 사이로 얼음 조각이 낀다

쉬 녹아내릴
하루를 온몸으로 떠받쳐 온 얼음돔,
바닥에 머리를 처박고 사방으로
요동친다 까칠한 생이 눈에 모래를 뿌리고

모랫바닥을 전전했던 시간, 미늘에 걸린다
주먹이 우는 꿈은 아직 발기 중

얼어붙은 아가미를 파닥인다
단칼을 삼킨 목이 비릿하다
머리끝까지 바다를 덮고
눅눅한 죽음을 흘린다

핏물 번져 나온 접시가 형광등에 반짝이고
난 살얼음 낀 회 한 점을 놓친다
얼음 돔, 끝끝내 녹지 않는다

계란을 삶으며

 젊은 하늘 한 줌을 잃었다 햇살이 구겨진 정오, 닭 모가지를 비튼
 하느님은 얼얼하다 고개를 젖혀야만 열리는 허공, 그것은 늦은 창고에서 만난 거미와 맞닿아 있다

 오래전 풀 마당을 까먹었다 모이를 찾던 한낮에 팔랑이던 풀잎들, 흙의 심장에 뿌리내린 발톱과 부리의 기억이 엎어진다 지렁이 몇 마리 꿈틀대고 신의 아량은 타원형이 없어

 불을 약하게 줄인다 계란에 금이 간다 터진 달걀의 솔기에 구름이 몰려온다

 바람 몇 페이지를 날렸다 여명의 잠꼬대에 넘어간 오래전 새의 기억, 콕 찍어 담장을 오르지만 허둥대는 두 날개가 무너진다

 짜지도 싱겁지도 않을 만큼 소금을 찍는다 탱탱한 계란 한 알을 베어 문다 문득 무언가 지나간다

 횃대 위의 발가락이 밤의 독법을 풀어헤친다 하늘을 당겨 목울대를 울리면 밤에 갇힌 문장이 터져나온다 신의 호명은 미명에 울린다

병아리였다 솔개였다 TV서 본 수사자 같기도 하다 냄비 속 우린 한때 모두 둥글었다

봄, 셔터 누르는 순간

 겨울에 읽는 책은 추운 사람을 위한 것인가 그 사람의 머릿속에 어탁 한 장 뜨더라도 겨울 아침의 현기증은 오래 갈 거다 내내 입질만 하던 책꽂이에 오늘은 짜르르 손맛이 왔다 왼손이 샴푸질을 하는 동안 바른손은 샤워기의 머리통을 쥐고 있다 바꿔서 해본다 헛심을 쓰며 미끄러지는 뒷바퀴처럼 양손은 서로를 헷갈려한다 촘촘한 세포의 기억이 엉키고 욕실은 다시 욕실 거품을 달고 욕실 속으로 미끄러진다 수건을 든 그의 왼손이 바른손을 스쳐가 스물 두 개의 왼손과 똑같은 수의 바른손이 아이돌 댄서처럼 출렁거린다 다족류가 된 그를거울이 바라본다 꼭지부터 시든 겨울, 추운 잠에 익숙한 겨울책은 늘어난 스프링이다 삼십 팔 쪽 뒷장으로 그를 베끼는 겨울 햇살만 싱싱하다 눈 내린 교차로에 추운것에 익숙해 지지 않는 추운 사람이 카푸치노 거품처럼 얹혀 있다 책갈피 사이로 누렇게 스민 기억을 무두질한다 다족의 발들이 구멍 난 길을 더듬어 붙이고 덧붙인다 책 한 권 이마위로 떨어진다 이불을 박차고 나온다 앗 벌써 여덟 시! 지각이다 지각

벨루가[*]

  이념을 가둔 주름 진 눈, 혁명을 태우던 붉은 입술, 볼셰비키의 낫과 총이 잿빛 미간에 흐릿하다 상어는 깊은 바다를 떠났다

  마린스키 극장에 오페라가 시작되고 외투 사이에서 졸고 있는 상어 떼, 세 시간의 공연이 포악한 꿈과 조악한 의자를 고문한다

  행거에 아가리를 댄 상어들 로비의 정적을 튕겨내고 뾰족 꼬리만 기이하게 키워 나를 감시한다

  공연 사이사이 박수가 터져 나오고 이중문 너머의 객석은 상어의 주둥이 밖, 애먼 외투만 툭 찌르다 선잠 속으로 가라앉는다 버스도 깊게 어는 심야, 상어의 루즈가 흐려지고 눈이 감긴다

  세빌랴의 이발사는 늦은 밤에 영업을 마친다 행거마다 가득 찬 외투, 난 번호표를 내민다 선잠을 부순 상어들 뾰족하게 옷을 건넨다

  러시아의 밤, 철갑상어가 날뛰고 있다

---

[*] 벨루가: 러시아 보드카 이름, 철갑상어란 뜻을 갖고 있다.

껍데기의 환幻

큰 길가 껍데기 집
돼지는 죽어 껍데기를 남긴다

여자들은 껍데기를 위해
또 다른 껍데기를 질겅질겅
씹는다

알맹이만 남고
껍데기는 가라는데 이젠
껍데기만 남고
알맹이는 계륵鷄肋이다

퍽퍽한 육질
버거워진 속살은
적의를 품은 비계덩어리,

껍데기 집 창문에
연기가 자욱하다 가위와 집게가
부지런히 오가고

밤새 씹어도
껍데기는 쓸쓸하다

에어로졸

 아침에 쌀벌레 몇 마리를 죽였다 퇴적층 어디선가 발을 빼온 바퀴벌레가 밑동을 갉아 먹는다 파리가 두 손을 빌고 있는 것 같은 지하철 계단의 남자, 난 운동화를 끌며 지하도로 내려간다 수많은 어둠이 지나간다 구불텅 접었다 펴는 자벌레가 바나나를 익히고 있는 청과상을 지나 하루를 사는 하루살이를 종점에서 만난다 작은 방 책상 아래로 복개천 흐르고 머리가 맑아지는 약은 파란 줄무늬를 둘렀다 무거운 눈꺼풀이 창궐하는 공간에 갑자기 여름이 왔다 올핸 해충과의 전쟁이 서사적일 거라고 혼자 중얼거린다 구겨진 셔츠 위로 비문증의 모기떼가 난다 빛 속으로 숨는 날벌레가 어둠을 묻혀 와 쌀벌레들 우글거린다 손에 힘을 줘 에프킬라를 뿌린다 빛이 부러지고 창문 틈으로 끝낸 내가 툭 떨어진다

신도 모르게 먹는

신의 눈꺼풀을 닫기 위해 필요한 건 천 조각 한 장
흰 천 아래 신이 덮이고 소들이 내뿜는 입김 어리고

경부고속도로 상행선 서울산 IC 부근, 다섯 마리 송아지를 실은 2.5톤 마이티 트럭이 달린다 꼼짝 못하는 송아지들, 그저 앉아 눈을 감는다 푸른 혀로 큰 눈 아래를 서로 핥는다 연한 살코기가 되기 위해 볕을 본 적 없다 생전 처음 보는 해를 콧등으로 맛보다 고개를 내린다 밧줄도 없이 서로가 줄이 되어 찬바람을 맞는 오늘, 내일은 한 접시의 스테이크다

트럭과 간격을 띄우기 위해 속도를 늦춘다 감았던 눈을 가늘게 열고 나를 바라보는 송아지, 후미등이 핏물처럼 흐른다

무릎에 놓인 냅킨 위로 신의 출처가 구겨진다 눈꺼풀이 맑은 신은 흰 천 속에 둘둘 말리다 쓰레기통에 던져진다 포크로 깊게 찌르는 건 그림자만 남은 신의 취향, 서로를 겨누는 총구는 그렇게 탄생했다

귀걸이를 날아간 새

 귀걸이에 박힌 새 한 마리 날아갔다 꽃이 플라스틱 맛으로 피어나고 정원은 울창하다 모두 화원을 숨기고 감정은 지워진다 혼자 TV를 켜는사람, 새는 분홍과 절벽 사이에 있어,

 얇은 귓볼이 새를 날린다 순간 휘어지는 기억, 풀잎 끝엔 비가 오고 조롱은 묽게 번진다 꽃을 사오는 여자가 새를 본다 풍경과 구름 사이 그 너머의 벼랑이 모두 날아간다

 새의 모이는 오독이 흘린 낱말, 수수할 수 없는 언어가 몇 알 떨어진다 오렌지를 먹는 남자가 창문을 닫는다 서랍들이 층층이 은유를 수납하고 말들은 먼지를 입는다 빈 자리에 물이 고이고

 새의 비행은 물 위에서 불탄다 모든 비행은 조악한 기억의 부산물, 새가 몰락하는 방향은 북북서에서 조금 기운 모서리, 분홍을 모사한 꽃잎이 물에 떨어진다

 새가 난다 꽃무늬 바지의 불투명 속으로 호모 플로레시엔스의 심장 곁으로 점점점으로 끝나는 맹독의 믿음 끝으로

모슬포

모슬포 바다를 본다
아버지보다 늙은 남자가 지나간다
비루먹은 개 한 마리 내 눈치를 보며 옆에 앉는다
개의 무릎를 베고 누운 등대 불빛만 방파제를 떠돌고 있다

아직 고패질을 멈추지 않는
파도,

슬하를 떠나지 못한 바다가 내게로 온다

포엠포엠
POEMPOEM

해설

밤의 알레그로, 그 경쾌한 슬픔을 위한 서언緒言

– 고훈실 시집 『3과 4』

정 훈 문학평론가

■ 해설

밤의 알레그로, 그 경쾌한 슬픔을 위한 서언緖言
― 고훈실 시집 『3과 4』

정 훈 문학평론가

　낮의 소음들이 차츰 멎으면서 해거름이 질 때, 침묵했던 언어의 사금파리들이 비로소 '의미'로 정렬하며 등장한다. 헤겔의 말을 빌려 미네르바의 부엉이가 날개 짓하는 때라고 쉽게 생각하면 되겠지만, 침묵하는 언어의 의미화는 세계를 가치정립하고 질서지우는 뜻이 아니다. 사물의 목소리, 그 틈새를 비집고 들어가 뒤섞이면서 자신을 분열시키는 뜻에서이다. 그러므로 그것은 의미를 배반하는 의미요, 소음을 해체하여 곳곳에 자신의 목소리를 침투시키는 말의 영악한 놀이로서 카니발인 셈이다. 시의 언어는 그 가장자리에 놓인다. 하지만 부글부글 끓어오르는 시어는 시로 표현되는 즉시 자신의 얼굴을 와해시키고 뭉그러뜨린다. 다시 말해 시인의 무의식적인 말의 민낯을 삭제하는 것이다. 시인은, 그리고 시는 이렇게 해서 당대의 문화시스템에 진입하게 된다. 그런데 무의식적 언어의 기표로서 시의 언어는, 자신이 이미 지워버린 생생한 날것의 현존재성을 고스란히 지닌 채로 현상한다. 이는 잠재의식과 무의식의 언어적 시치미요, 절대 잊을 수 없는 상처와 절망으로서 시인 자신의 체험을 증거하는 언어의 실록인 것이다. 시인의 체험은 삶의 객관적인 사실태와 다르다. 또한 삶의 체험의 표현으로서 시적 진술은, 현상학적으로 말해 세계에 대한 판단중지epoche의 과정을 거칠 수밖에 없다. 기묘하고 우울한 내면의 에너지가 세계와 맞닿는 지점에서 생겨나는 감정의 단면들에 새겨지는 무늬, 이 쓸쓸한 무늬의 수기手記를 고훈실 시인은 우리에게 보여준다. 따라서 그의 시를 읽는 일은 단순한 시 읽기의 영역에서 벗어나 시인이 아로새긴 신산한 언어적 문신이 그려놓는 세계의 지형을 더듬는 일에 진배없을 것이다.

> 나를 증명하는 난 사진 속에 없다 나를 내보이는 밀실은 한낮에도 까칠해 커피를 든 면접관이 나를 북 뜯어낸다 창밖 크레인의 껑중한 얼굴, 그들은 모두 한때의 얼굴을 달고 있다
>
> — 「증명사진」 부분

"나를 증명하는 난 사진 속에 없다"는 자기 부재의식에 주목한다. 주체의 부재나 상실이 근대 이후의 정신사에서 대두된 역사철학적인 정황을 논외로 하더라도, '나'의 죽음은 사회문화적인 '기의'가 가져다주었던 보편적인 의미 세계에 사형선고를 내리는 일이다. 확실한 것은 없다는 논리는 합리적이고 이성적인 세계 파악에 실금 하나 새겨놓는다. 시인이 말하는 바 "그들은 모두 한때의 얼굴을 달고 있다"는 진술만큼 우연적이고 유동적인 자기증명방식이 또 있을까. 그런데 문제는 이러한 자기 확실성의 부정이 아닐 것이다. 무엇이 확실하고, 또 무엇이 확실하지 않은지 그 경계가 모호해지면서 시시때때로 드나드는 유령 같은 자의식이다. 자의식의 부재는 세계를 온전히 받아들이는 반면, 자의식의 과잉은 세계를 온몸으로 밀어낸다. 시인은 그것의 부재와 과잉 사이를 괘종시계의 추처럼 오가면서 세계가 내미는 얼굴에 칼질을 해댄다. 이는 자신이 스스로를 분명하게 의식하고 있다는 점에 대한 완강한 거부이며, 또한 스스로를 미완의 동굴에 차폐된 존재일 수도 있겠다는 사실에 대한 절망과 공포이기도 하다. 이것은 충만에 상반되는 상실과 극도의 회의에 가닿는다. 세계의 객관적인 상황과 무관하게 전개되는 시적 세계 속 시인의 자화상의 단면은 다음의 시에서도 드러난다.

음운학론이 휴강했다 문을 닫고 소음도 내렸다 종일
긴 머리 여학생 서너 명이 다녀갔다

개잎갈나무 수피가 갈라졌다
봉오리 진 목련이 204호 강의실을 들여다본다
불꽃같은 향나무 혼자 인문관을 싸지른다

중도에서 만나요
누군가 흘리고 간 구리 열쇠
중앙도서관으로 가는 걸음이 푸석하다

넌 빠진 나사처럼 헐겁게
내게서
툭 떨어진다

휘발성의 하루가 머저리처럼 서 있다

ㅡ「봄」전문

  위 시가 보여주는 고요하고 쓸쓸한 교정의 이미지는 '봄'이라는 계절이 주는 생동감과 관련해서 살펴볼 때 이질적임을 알 수 있다. 물론 자연의 풍성함과 스산한 현실공간의 대비를 통해서 역설적으로 시적 정조를 부각하는 전략을 시인이 썼을 수도 있겠지만, 한편으로 위 시에서 중요하게 쓰이고 있는 하강과 결락의 이미지가 내포하는 시적 화자의 내면풍경을 들여다봄으로써 작품에 한 발짝 가까이 다가갈 수 있을 것이다. 만물이 자라고 움트며 올라오는 시간 때인 봄과 상반되게「봄」에

등장하는 존재들은 대체로 빠져나가거나 추락한다. "종일 긴 머리 여학생 서너 명이 다녀"가고 "개잎갈나무 수피가 갈라"지고 "넌 빠진 나사처럼 헐겁게/내게서/툭 떨어진다". 그리고 "휘발성의 하루가 머저리처럼 서 있다"고 시상詩想을 마무리 짓는다. 모든 것을 뺏고 뽑아서 공중분해해버리는 것의 실체에 대한 상념은 실상 부질없을 것이다. 시간은 체감하는 자가 가늠할 수 있는 상대적 차원의 영역을 빗금치고 들어오면서 어느 순간 모든 기억의 부피와 질감을 녹여버리기 때문에, 시간성에 대한 의식은 늘 허무로 귀결되기 마련이다. 위 시에서 드러내는 풍경과 이미지는 화자의 내면을 투사한다. 다가오는 시간과 이미 왔다 가는 시간의 교차점에서 마치 공황장애를 앓듯 멍하니 섰는 존재는 무엇일까. 그것이 시인이든 화자든, 아니면 특정할 수 없는 비인칭의 대상이든 중요하지 않다. 시에서 도드라지는 상실과 허무가 남기는 존재의 투명한 얼룩, 그 날카로운 반점 하나가 아마도 시인을 괴롭히지 않을까.

스미고 있었던 거다 아니, 흘러간 거다 처음과 끝을,
청색과 붉은색을 한 봉지에 넣었던 거다 부러진 색들을
탕진한 거다 쓱 지나가는 꽃을 지녔던 거다 꿈의 플러
그를 뽑고 울었던 거다 나쁜 사마리아인처럼 멍하니 서
있었던 거다

화무花無한 네거리에 오토바이 굉음이 지나간다 봄이

푹, 꺼진다

— 「장면 A」 부분

    고훈실 시인이 이번 시집 『3과 4』에서 수놓는 물기 없는 울음과 슬픔의 연원은 중요하지 않다. 시인은 절망을 절망이라 말하지 않고 슬픔을 슬픔이라 말하지 않는다. 시인의 내면에는 모로 누운 폐허가 바람을 기다리듯 서걱대며 굉음을 내는 공간이 존재한다. 따라서 이 세상의 풍경을 온전하게, 그리고 긍정적이고 순화된 언어로 받아들이는 것이 아니라 의지와는 무관하게 역광 되어 비추는 스크린의 형상으로 언어를 점묘한다. 마치 자동기술법처럼 흘러가는 듯한 말의 물결에는 안주하지 못하고 이리저리 휩쓸리는 화자의 심사가 짙다. "스미고 있었던 거다 아니, 흘러간 거다 처음과 끝을 (…중략…) 나쁜 사마리아인처럼 멍하니 서 있었던 거다"에 반복되는 지정사의 행렬, 이 끝날 낌새가 보이지 않고 무한히 이어질 것만 같은 사태들의 난장 앞에서 자지러지게 스러져만 가는 화자가 보일 법도 하다. 그것은 "화무花無한 네거리에 오토바이 굉음이 지나간다 봄이 푹, 꺼진다", 연극의 대단원을 맞이할 참의 배우들이 펼치는 화려하면서도 그로테스크한 연기가 아니었을까. 또한 어느 누구의 지휘나 연출 없이 펼치는 세계의 가면극이자, 끝없이 뿜어져 나와 '동공의 바다'를 어지럽히며 슬픔을 분사하는 마당극이다. 시인에게 이 세계는 까닭도 의미도 없이 질주하기만 한다. 만약 현상계에서 펼치는 온갖 행위와 소음들이 시인에게 던지는 의미가 있다면, 그것은 결국 추락하고야 말 존재의 단말마일 것이다. 존재의 비명은 원인이나 동기도 명확하지 않은 삶의 거스름이자 존재를 난처하게 만드는 세계의 트림이 빚어낸 소리이다.

  구름이 기우는 아침에 신문을 펴들고 나에게 기우는 커피를 마신다 손을 참지 못하는 손잡이와 감자칩 부스러기들이 아래로 기운다

  우리 프로럴향의 샴푸가 디스코파티를 탄다 한쪽이 기울면 반대편이 솟는 천진한 게임을 더는 믿지 않는다 어제의 기울기를 욕실 밖 낡은 소파가 버티고 있다

  브레이크가 고장 난 차를 타고 간다 속도는 낡은 창처럼 익숙해지다 폭설을 만나고 난 ㄷ자 횡단보도의 비대칭에게 손을 내민다 네가 빠진 소유격은 기울기가 심하다

  비를 맞다 아이패드 화면 속으로 사라진 너, 엘리스의 구두코를 바닥에 찍고 있다 팔나 흔들림이 화면 밖에서 젖고 너는 비스듬한 각도로 우주에서 점멸 중이다

  신문이 밤새 구독한 현상은 먹장구름에 먹히고 하루치

의 하루살이와 셀 수 없는 오독이 감시 카메라를 엿본다
너를 뺀 모닝커피는 갸우뚱 편파적이어서

    푸른 색 커튼을 울컥 당긴다

-「블루」 전문

  위 시에서 화자가 전하는 세계의 모습은 안정적이지 않고 기우뚱거리는, 일그러진 표정이다. 시에서 반복적으로 사용하는 '기운다'의 변형 태들이 이를 증명한다. 기우는 일상과 사물의 모습이 일면 화자에게는 마치 당연한 것일 수도 있겠다. 실상 완전하고 온전한 수평이나 직각은 기하학적인 체계에서만 가능하다. 현실 세계는 늘 이중적이고 모순적이고 이율배반적으로 놓여있다. 그런데 우리가 이런 사실을 수락한다고 하더라도 어쩔 수 없이 균형 잡힌 세계를 갈망할 수밖에 없다. 시인에게 '기울기'는 이미 세계의 필연적인 작동 체계이자 원리다. 그런데 위 시에서 왠지 모를 황량함을 느끼는 까닭은, 아마도 시인이 모색하는 완전하고 충일한 존재 대상의 훼손이나 결손에서 비롯하는 냉소 때문일 것이다. 내면의 새침떼기, 이는 언어의 비틀기로 나타난다. "신문이 밤새 구독한 현상은 먹장구름에 숨고 하루치의 하루살이와 셀 수 없는 오독이 감시 카메라를 엿본다 너를 뺀 모닝커피는 갸우뚱 편파적이어서"에서 보듯, 상식적으로 생각해온 주체와 객체의 전도이다. 시인이 짜놓는 언어 속에 일상적인 세계에 대한 환멸과 조롱이 숨겨

져 있는 것이다. 기울기만 하는 이 세계의 현상을 들여다보며 시인은 못내 떨쳐버리기 힘든 우울과 마주한다. 사물이 제자리에서 이탈하여 제각각의 경사도로 자신들의 존재를 증거한다. 이는 환상이나 꿈이 아니다. 세계가 우리가 익히 알고 있는 듯 생각하는 그런 상태라면 '시'는 생겨나지 않았을 것이다. 고훈실 시인의 시선은 객체와 대상의 틈과 모서리에서 발현하는 진실의 목소리와 표정에 닿아있다.

> 당신은 나를 알지만
> 나의 기호는 당신을 모릅니다
>
> 우리가 한 침대에서 바라보는 풍경은 끝내 알 수 없고
> 순간의 황홀은 비출수록 어두워집니다
> 독해가 어려운 감정은
> 우리를 다른 곳으로 데려가고
>
> 한밤은 배달되지 않습니다
> 갓 죽은 말이 갓 구운 빵으로 향기를 올립니다
> 들리지도 보이지도 않는 언어,
> 난 밤새
> 휴지로 팩스를 보냅니다
>
> *우린 거북목으로 늙어 갈 것이고*
>
>   －「한밤의 누슈」 부분

시인에 따르면 누슈nushu는 약 400년 전 중국 여성들이 만든 자기들만의 은밀한 언어로써, 남자들은 해독하기 어려웠다고 한다. 현실적으로 상통하기 힘든 두 언어의 미끄러짐에서 시인은 세계의 한 귀퉁이에서 끓어오르는 말의 열락을 본다. 그것은 합리적이고 이성적인 언어의 뒤편에서 내밀하게 작동하는 또 다른 생의 몸짓이요, 세상의 전면에 등장하지 않고서도 충분히 전복할 수 있는 새로운 가능성의 징표다. 이는 이해나 공감의 범주와는 다른 차원의 문제다. 시인이 말하는 바 "독해가 어려운 감정은/우리를 다른 곳으로 데려"간다. 동일하지 않은 두 차원의 공존에서 시인이 찾고 싶은 것은 무엇일까. 단지 섞일 수 없는 세계가 나란히 병존하는 사실을 전제로 한다면 시인이 찾고자 하는 그 무엇은, 차폐된 공간의 언어들이 출구를 찾아 해방의 영역으로 진입하는 열쇠일 것이다. 이를 위해서는 배반과 모반과 절망의 말들을 씹으면서도 대상에 가닿으려는 의지가 필요하다. 그의 시에서 흩뿌려지는 건기의 말들이 찾고자 하는 것도 바로 그것이다. 하지만 시인은 그러한 해방을 위한 실천이 불가능하다는 사실을 잘 알고 있다. "들리지도 보이지도 않는 언어로 난 당신에게 갑니다/죽을 때까지/나는 안전치 못할 것입니다"는 진술이 이를 증명한다. 그러므로 고훈실의 시가 지향하는 것은 어쩌면 모노드라마의 배우처럼 모든 감정을 홀로 안으로 차폐하며, 삭힌 생의 형식들을 끌어안는 포즈일지도 모른다. 이는 고독의 자기 완결이며 절망과 허무의 시니컬한 수락이다. 시인에게 다가가는 모든 것들은 비틀어지고 새롭게 재창조된다. 반사와 굴절로 풍경을 들여다보게 만든 잠망경처럼 시인이 직조하는 언어 질서의 이면에는 이지러지고 몰락하는 사물들이 널브러져 있다. 이들에게 말의 휘장을 씌움으로써 시인은 세계를 지탱한다.

> 널따란 봄 하늘이 3월에 스며든다 통증의 사이즈는 신경질만 늘고 담벼락 사이에 낀 4가 툴툴거린다 길들이겠다와 맞잡는 손이 중력을 버릴 때 붉은 장미는 먼 은하로 사라진다
>
> 불가역적인 하루를 견딘 벽들이 동통을 올린다 환상통을 당겨 작은 옷핀을 꽂고 목덜미에 달린 꼬리표를 뗀다 다음 세기엔 복잡한 연애사를 가진 3과 전전두엽이 바닥난 4가 수의 전부가 될 것이다
>
> ―「3과 4」 부분

이번 시집의 표제작인 「3과 4」의 후반부다. 단지 기호일 따름인 '3'과 '4'를 둘러싼 풍경은 스타카토처럼 어딘가 마디가 나 있다. 그리고 서로 이질적인 단어들이 개연성 없이 연결되면서도 자연스럽게 문장으로 '완성된다.' 이러한 장면은 시인이 진술한 "불가역적인 하루를 견딘 벽들이 동통을 올린다"처럼 서걱거리고 불편하고 굳어있다. 화해할 수 없는 단어와 사물들이 연접되면서 풍기는 기묘한 분위기에서 화자가 맞서고

있는 시적 세계가 감지된다. 통증의 지도 곳곳에 박혀있는 낯선 이방인 같은 세계들과, "다음 세기엔 복잡한 연애사를 가진 3과 전전두엽이 바닥 난 4가 수의 전부가 될 것이다"라 짐작하는 당돌하면서도 그로테스크한 사유가 합치하는 지점에서 시인의 말들은 잉태된다. 시인의 혀를 통해 빠져나오는 말들의 길에는 짐작조차 할 수 없는 이 세계의 환부가 적나라하게 펼쳐져 있다. 그 환부의 두께만큼 기쁨도 많았겠으나, 기쁨은 우울과 절망을 온전히 먹고 자랐을 것이다. 시인에게 시는 생의 저변을 가득 채우면서 흘러가는 검은 용암의 밀도를 재는 언어의 형식이다. 그것은 밤도 오기 전에 이미 지쳐버린 한낮의 언어요, 쉴 새 없이 자기 증명을 하지만 결국 세계 뒤편으로 뻐꾸기시계처럼 숨어버리는 환영이다. 소통하고자 하나 불화의 눈짓에 쉽사리 전 존재를 맡기는 자의 얼얼한 입술, 참혹하리만치 고통스러우나 미사보로 가린 낯에 드러난 물기 없는 피부로 세계의 전면을 응시하는 눈빛이 그의 시에 감춰져 있는 것이다.

    나는 마음에 풀을 먹인다 뻣뻣해진 혀가 이끼를 찢는다 개미 동굴 같은 출구, 덩굴성의 취미를 버리지 못한 난 살갗이 드러난 출구를 감는다 갈라진 손톱에 도리매듭을 짓는다 엄마는 아직 공갈빵처럼 비어 있고

    풍경에 발을 내밀 수 없다 고장 난 엄마를 트랜지스

터라디오처럼 흔든다 빈 문짝처럼 밤이 오고 매듭은 너
무 질기고 집요하다 가위를 집어 든다 속수무책을 가로
세로로 자른다

  툭, 울음이 끊어진다 검지 손톱에 패인 늙은 여자가
나를 지나간다 줄루족 여인의 뒷모습이 강을 건넌다 짓
무른 통증이 벌겋게 일어선다 박주가리 같은 그늘만 오
래 거풍 중이다

-「매듭을 풀며」 부분

  사물이 만들어내는 느닷없는 기억의 연쇄로 맥없이 털썩 주
저앉게 되는 일상들이 시인으로 하여금 말을 풀어놓게 한다.
맥락 없는 슬픔이 오는 순간 시인은 분주하게, 그리고 낭패감
에 빠져 존재의 일그러진 윤곽을 깁는다. 그 행위는 마치 깊은
심연에서 누군가에게 쫓기는 자의 발놀림처럼 경황이 없으면
서도 일사불란하다. 가령 "빈 문짝처럼 밤이 오고 매듭은 너무
질기고 집요하다 가위를 집어 든다 속수무책을 가로세로로 자
른다"처럼, 텅 빈 밤의 도래와 거기에 발 맞춰 입력된 프로그
램처럼 무조건반사로 행하는 듯한 동작이다.
  삶은 때때로 자신의 모든 것을 헤집어 놓는다. 그렇게 운명
같은 세계의 발톱이 할퀴고 지나간 자리에 피 묻은 말들이 곳
곳에서 피어난다. 이것은 울음이 다한 촛농이 엉겨 붙은 빛깔
이요, 다시금 생의 상처와 절망을 부둥켜안기 위해 맨발을 쓰

다듬는 곡진한 슬픔이다. 고훈실의 시는 울음이 끝난 자리에서 날개 짓하는 부엉이처럼 자못 결연하다. 그러나 낮의 소음과 진탕 같은 축제가 끝날 무렵 행하게 될 언어의 카니발에는 엄습해오는 한밤의 고독과 우울을 휘저으며 저 먼 세계에 닿으려는 의지가 샘솟는다. 이 점은 시에서 형상화된 이미지 말고도 말의 속도감과 시상의 전개에서 보여주는 낯선 사물들의 병치에서 얻게 된 것이다. 사위가 어둡다는 것은 단지 낮의 소멸만을 말하지 않는다. 시인에게 점점 사위어져가는 한낮의 세상, 질서와 규칙이 자신의 존재 증명임을 밝히는 경화硬化된 시간과 공간이 지배하는 세계가 물러서고 무의식의 깊은 자락에서 뿜어져 나오는 생의 욕망이 기지개를 펴기 시작하는 때와 엇비슷하다. 참았던 숨이 가파르게 입술에서 터져 나오면서 그리게 될 말들의 지도에 고훈실 시의 지평이 있다. 이는 또한 울음을 완전히 삭히지 못한 시의 정체正體를 숨기려는 경쾌하고도 발랄한 눈물이며 어둠을 기꺼이 받아들이겠다는 포즈의 알레그로, 그 재빠른 밤의 예식이기도 하다. 이 신음하는 말들이 시를 낳은 것이다.

「이 도서의 국립중앙도서관 출판예정도서목록(CIP)은 서지정보유통지원시스템 홈페이지(http://seoji.nl.go.kr)와 국가자료공동목록시스템(http://www.nl.go.kr/kolisnet)에서 이용하실 수 있습니다.(CIP제어번호 : CIP2017030845)」

포엠포엠시인선 019

3과 4

고훈실 시집

초판 1쇄 발행 | 2017년 11월 20일

지은이 | 고훈실
기획·제작·편집 | 한창옥, 성국
디자인 | 성국, 김귀숙

펴낸곳 | 도서출판 **포엠포엠 POEMPOEM**
출판등록 | 25100-2012-000083

본　　사 | 서울시 송파구 잠실로 62 트리지움 308-1603 (05555)
편집실 | 부산시 해운대구 마린시티 3로 37 오르듀 1322호 (48118)
출간 문의 | 010-4563-0347, 02-413-7888
팩스 FAX | 02-6478-3888, 051-911-3888
이 메 일 | poempoem@daum.net
홈페이지 | www.poempoem.kr
제작 및 공급처 | 산업디자인전문회사 두손컴

정가 10,000원

ISBN 979-11-86668-16-0 03810

* 저자와 협의 아래 인지를 생략합니다.
* 이 책의 저작권은 저자와 출판사에 있습니다.
  저자 허락과 출판사 동의 없이 무단 전재 및 복제를 금합니다.
* 잘못 만들어진 책은 바꿔드립니다.

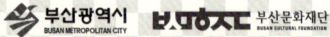

본 도서는 2017년 부산광역시, 부산문화재단 지역문화예술 특성화지원사업으로 지원을 받았습니다.

3과 4